Marbach-Bericht über eine neue Sichtung des Heidegger-Nachlasses

T0108208

HeideggerForum

Marbach-Bericht
über eine neue Sichtung
des Heidegger-Nachlasses
erstattet von Klaus Held

VittorioKlostermann

Bibliographische Information der Deutschen Nationalbibliothek
Die Deutsche Nationalbibliothek verzeichnet diese Publikation in der Deutschen
Nationalbibliographie; detaillierte bibliographische Daten sind im Internet
über *http://dnb.dnb.de* abrufbar.

Gedruckt auf alterungsbeständigem Papier.
Satz: Marion Juhas, Frankfurt am Main
Druck: docupoint GmbH, Barleben
Printed in Germany
ISSN 1868-3355
ISBN 978-3-465-04403-1

Inhalt

Einleitung

Die Gesamtausgabe der Schriften von Martin Heidegger (im Folgenden: GA) rief in den Medien vieler Länder neue und oft erbitterte Auseinandersetzungen zwischen Anhängern und Gegnern des Philosophen hervor, als im Jahre 2014 die ersten Bände mit den Texten der »Schwarzen Hefte« erschienen (GA 94–96). In dieser Situation entschied Rechtsanwalt Arnulf Heidegger, ein Enkel des weltberühmten Denkers und seit 2014 Verwalter seines Nachlasses, eine kleine Arbeitsgruppe von Kennern der Heideggerschen Philosophie, seiner Manuskripte und seiner oft schwer lesbaren deutschen Kurrentschrift zu bilden. Die Gruppe hatte den Auftrag, den im Deutschen Literaturarchiv in Marbach am Neckar liegenden Nachlass unter zwei Hinsichten erneut durchzusehen: Erstens sollte geprüft werden, ob unter den Massen von Heideggers Manuskripten noch solche zu finden sind, die über die inzwischen geplanten 102 Bände der Gesamtausgabe hinaus als publikationswürdig erscheinen; hierzu wird im Folgenden unter III. berichtet. Zweitens sollte ermittelt werden, ob sich im Nachlass noch politische Texte oder Äußerungen finden, die Heideggers umstrittenes Verhältnis zum Nationalsozialismus bzw. zum Judentum betreffen; hierzu im Folgenden die Ausführungen unter Ziffer V.

Der Arbeitsgruppe, deren formelle Leitung mir übertragen wurde und in deren Auftrag ich diesen Bericht vorlege, gehörten neben mir folgende Mitglieder an: der Nachlass-Verwalter Arnulf Heidegger, Prof. Dr. Peter Trawny, international ausgewiesener Heidegger-Herausgeber und -Interpret, und Michael Ruppert, kenntnisreicher Heidegger-Doktorand und versierter Leser seiner Handschrift. In die Ausführungen des vorliegenden Berichts sind zahlreiche Anregungen und Formulierungen von Arnulf Heidegger und Peter Trawny eingegangen, für die ich mich hiermit bedanke. Besonderen Dank schulde ich Peter Trawny für seine Kommentierung der unter den Ziffern V.1 bis V.4 aufgeführten »problematischen Stellen«, die ich mit nur wenigen Anpassungen an die allgemeine Diktion dieses Berichts übernommen habe.

I. Zugänglichkeit des Nachlasses

Einleitend sei daran erinnert, dass Martin Heidegger erst nach langem Zögern in das Vorhaben einer Gesamtausgabe seiner Schriften einwilligte. Noch am 10. März 1972 schrieb er an Hannah Arendt: »Ich kann mich nicht mit einer Gesamtausgabe vorstellen; diesem Klassizismus möchte ich entgehen.« Und am 11. April des gleichen Jahres heißt es in einem Brief an den Verleger Dr. Vittorio Klostermann: »Leider kann ich Ihrem Wunsch, eine Gesamtausgabe meiner Arbeiten herauszubringen, nicht zustimmen. Es würde nicht dem Stil meiner Denkweise entsprechen. Bitte haben Sie Verständnis dafür; ich habe alle ähnlichen Anfragen, die im letzten Jahrzehnt von verschiedenen Seiten an mich gerichtet waren, ablehnend beschieden.«

Dass es schließlich doch zur Gesamtausgabe kam, hatte eine Vorgeschichte, in der Heideggers Gespräche mit Prof. Dr. Bernhard Zeller, dem damaligen Direktor des Schiller Nationalmuseums in Marbach am Neckar (seit 1955 Deutsches Literaturarchiv) eine wichtige Rolle spielten. Zum Kontakt zwischen beiden kam es auf Anraten von Hannah Arendt in einem Briefwechsel mit Heideggers Ehefrau Elfride 1969. Die Gespräche führten zu einem auf den 25. Februar 1970 datierten Vertrag zwischen dem Archiv und Martin Heidegger. Hierin und in späteren Zusatz-Vereinbarungen wurde festgelegt, dass das Originalmanuskript von Heideggers »Sein und Zeit« an das Archiv verkauft wurde und dazu »die Manuskripte seiner bisher im Druck erschienenen Werke einschließlich der Entwürfe und Notizen«. Alles sollte im Deutschen Literaturarchiv aufbewahrt werden. Eine größere Zahl von Manuskripten wurde schon zu dieser Zeit von Freiburg nach Marbach gebracht.[1]

Im September 1973 änderte Heidegger in der Frage einer Gesamtausgabe seine Meinung (vgl. GA 66, S. 433). Das dokumentiert auch ein maschinenschriftliches Protokoll, worin er das Ergebnis einer Besprechung vom 13. Oktober 1973 festhielt, an der neben Bernhard Zeller Elfride Heidegger teilnahm und außerdem Heideggers Sohn Dr. Hermann Heidegger, den er später als ersten Nachlassverwalter einsetzte. Dass Martin Heidegger schließlich einer Gesamtausgabe seiner Schriften zustimmte, dürfte wesentlich dem Zusammenwirken von Hermann Heidegger mit dem Verleger Vittorio Klostermann zuzuschreiben sein.[2]

[1] Vgl. Ulrich von Bülow, Das »Hand«-Werk des Denkens – Zum Nachlass von Martin Heidegger, in: H. Seubert u. K. Neugebauer (Hg.): Auslegungen. Von Parmenides bis zu den Schwarzen Heften. Alber Verlag: Freiburg u. München 2017, S. 328f.

[2] Während meiner Professur an der Rheinisch-Westfälischen Technischen Hochschule Aachen (1971–1974) arbeitete ich dort eng mit Prof. Dr. Walter Biemel zusammen, einem bekannten Schüler von Martin Heidegger, dem dieser uneingeschränkt vertraute. Biemel berichtete mir von seinen Besuchen in Freiburg, bei denen er sich mit viel Engagement für die Gesamtausgabe einsetzte. Allerdings gibt es nach unserer bisherigen Kenntnis keinen Beleg dafür, dass er damit Heidegger beeinflusst hätte, wohl aber einen indirekten Beleg für das besondere Vertrauensverhältnis: Im oben erwähnten Protokoll nennt Heidegger (in alphabetischer Reihenfolge) vier Wissenschaftler, die er bitten will, als erste Herausgeber von Bänden der Gesamtausgabe tätig zu werden: »1. Prof. Dr. Biemel, Aachen, 2. Frau Dr.

Nachdem Heidegger seine Zustimmung gegeben hatte, arbeitete er intensiv an der Ordnung des Nachlassmaterials, das in 173 Schubern untergebracht wurde.[3] Bei einer Besprechung des Ehepaars Heidegger mit Klostermann und dessen Sohn Michael am 10. November 1973 kam es zu einer ersten Aufteilung der Gesamtausgabe in vier Abteilungen. Diese Vereinbarung wurde knappe vier Monate später in einer Zusammenkunft, an der neben den Genannten auch Hermann Heidegger und Walter Biemel teilnahmen, noch einmal bekräftigt und konkretisiert. Der Generalvertrag für die Gesamtausgabe mit dem Verlag Klostermann wurde am 17.4.1974 unterschrieben. Nicht lange danach erschienen die ersten beiden Bände der Gesamtausgabe (Bd. 24, 1975, Hg. von Herrmann; Bd. 21, 1976, Hg. Biemel).

Der Teil des Nachlasses, der auf die gerade beschriebene Weise nach Marbach gelangte, heißt im Sprachgebrauch des Archivs »Heidegger 1«. Die ihm angehörenden Manuskripte und Typoskripte waren bisher für die Einsichtnahme und Veröffentlichung gesperrt, solange sie nicht in der GA publiziert waren. Dass Heidegger diese Regelung wünschte, geht klar aus dem oben erwähnten Protokoll über das Ergebnis der Besprechung vom 13. Oktober 1973 hervor, wo Heidegger unter dem Titel »Auflage« festhielt, »dass alle unveröffentlichten Manuscripte in Marbach

Feick, Wiesbaden, 3. Prof. Dr. Held, Aachen, 4. Dozent Dr. v. Herrmann, Freiburg«.

  3   Vgl. von Bülow, ebd.

(Originale und Fotokopien) für jeden Zugang und jede wissenschaftliche Benutzung gesperrt bleiben ausgenommen für die von mir benannten sachlich zuständigen Mitarbeiter.« Sobald ein Text in der GA publiziert war, galt diese Bestimmung für ihn nicht mehr; denn die Texte sollten vom Zeitpunkt ihrer Publikation an der Öffentlichkeit zugänglich sein, damit die Arbeit der Herausgeber überprüft werden konnte. Inzwischen liegen fast alle philosophisch bedeutsamen Texte in einer veröffentlichten Form vor. Was noch fehlt, ist bereits an Herausgeber vergeben oder zumindest für die Veröffentlichung vorgesehen. Für diese Texte muss die Regelung aufrecht erhalten bleiben, dass sie bis zur Veröffentlichung gesperrt sind. Ausnahmen von der Teilsperrungsregel beim Nachlassteil »Heidegger 1« bedurften bis 2014 der Genehmigung durch Hermann Heidegger und seitdem der Genehmigung durch dessen Sohn Arnulf. In den vier Jahrzehnten seit Heideggers Tod gab es ungefähr 80 Bitten um die Genehmigung; sie wurde etwa in der Hälfte der Fälle gewährt.

Bei den bisher veröffentlichten oder für die Veröffentlichung vorgesehenen Schriften handelt es sich in der Regel um zusammenhängende – entweder in vollständigen Sätzen ausformulierte oder stichwortartig notierte – Aufzeichnungen, die im Manuskript oder Typoskript auf großformatigen Blättern stehen wie etwa dem Bogen mit dem Format 33,2 cm x 21 cm, den Heidegger für seine Vorlesungen bevorzugte. Neben diesen Texten enthält der Nachlass aber auch fragmentarische, ohne sorgfältige Ausarbeitung flüchtig hingeworfene Notizen, die in der ganz überwiegenden Mehrzahl offenkundig nur der Vorbereitung von Lehrveranstaltungen oder der Fixierung von Gedanken bei der täglichen philosophischen Arbeit dienten, ohne dass dabei Veröffentlichungsabsichten im Spiel waren. Diese Notizen stehen auf etwa 11.000 kleinen Zetteln vorwiegend im Format DIN A 6, aber auch in anderen Kleinformaten.

Es war Heideggers Wunsch, dass seine Leser sich mit den in der GA publizierten oder dafür vorgesehenen Texten auseinandersetzen sollten. Es hätte seinem Willen unzweifelhaft widersprochen, wenn das Deutsche Literaturarchiv es Interessenten gestattet hätte, aus dem Meer der noch ungeordneten Notizzettel willkürlich Zitate zu fischen. Etwas Anderes ist der verständliche Wunsch der heutigen Heidegger-Forschung, nunmehr auch den Zugang zum Entstehungsumfeld der in der GA enthaltenen Texte zu erhalten. Dieses Umfeld aber wird vor allem in den Notizzetteln erkennbar. In dieser Hinsicht ist es heute, über vierzig Jahre nach dem Tod des Autors und kurz vor Fertigstellung der Gesamtausgabe, an der Zeit, den Sinn der bisherigen Teilsperrung für den wissenschaftlich-literarischen (nicht den privaten) Nachlass zu überdenken und die Aufhebung der Sperrung für die Notizzettel und die anderen für die GA ungeeigneten Texte ins Auge zu fassen.

Eine sofortige Aufhebung der Sperrung kommt allerdings nicht in Betracht, da bei den Tausenden von Notizzetteln bisher noch keine vollständige Erschließung und archivarische Sicherung stattgefunden hat. Das Deutsche Literaturarchiv ist aber bereit, für die vollständige Aufnahme der Notizzettel in eine Datenbank zu sorgen und die entstehenden Digitalisate dort zur Verfügung zu stellen, was auch deshalb geboten ist, weil die Textbestände so vor Verlust, Diebstahl und willkürlichem Umgang geschützt werden können. Die Resultate dieser digitalen Erschließung der Bestände (nur noch in Ausnahmefällen die Originalbestände) werden dann – unter im Einzelnen noch festzulegenden Bedingungen – in Marbach einsehbar sein.

Neben dem Nachlassteil »Heidegger 1« gibt es im Literaturarchiv eine Reihe von maschinenschriftlichen und handschriftlichen Heideggertexten (»Heidegger 2«), die das Archiv nicht von der Familie und in der Regel kostenpflichtig erworben hat. (Eine Ausnahme sind hier Martin Heideggers Briefe an seinen Bruder Fritz, die dem Archiv von dessen Familie überlassen wurden.) Dieser Nachlassteil steht der Öffentlichkeit zur Einsichtnahme zur Verfügung. Die Texte unterliegen allerdings bei ihrer Veröffentlichung den Beschränkungen des Urheberrechts; d.h. für die Publikation muss die Genehmigung des Nachlassverwalters eingeholt werden. Die Genehmigung wurde schon in vielen Fällen erteilt, gelegentlich aber auch abgelehnt.

Neben den Nachlassteilen »Heidegger 1« und »Heidegger 2« lagert im Marbacher Literaturarchiv auch der ganz private Briefwechsel von Martin Heidegger, insbesondere der mit seinen Geliebten. Dieses Material bleibt vorläufig für längere Zeit gesperrt, da die Nachlassverwaltung sich an entsprechende Vereinbarungen mit den Geliebten oder ihren Nachfahren gebunden weiß. Die Sperrung muss eingehalten werden, weil viele dieser

Briefwechsel vor ihrer Vernichtung nur durch die Zusage gerettet werden konnten, dass der Zugang zu ihnen mit Rücksicht auf die Persönlichkeitsrechte der Betroffenen in Marbach gesperrt bleiben würde.

II. Ordnung des Nachlasses

In der gleichen Zeit, in der es zu dem unter I. dargestellten Vertragsschluss mit dem Verlag Klostermann kam, teilte Heidegger in Zusammenarbeit mit Walter Biemel seinen in den erwähnten 173 Schubern enthaltenen Nachlass auf in vier »Reihen«, die jeweils mit einem der Großbuchstaben A, B, C, D bezeichnet wurden[4] und deren Untergliederungen durch nachgestellte Ziffern plus Kleinbuchstaben gekennzeichnet wurden. Diese Gliederung erinnert an die Kategorisierung von Husserls Nachlass im Husserl-Archiv an der Katholischen Universität zu Löwen in Belgien. Sie dürfte auf die Anregung von Walter Biemel zurückgehen, der durch seine Mitarbeit an der von Löwen ausgehenden Edition von Husserls Werken (»Husserliana«) mit diesem Muster der Kategorisierung vertraut war. Die A-Reihe des Heidegger-Nachlasses enthält 47 Schuber mit Vorlesungsmanuskripten in chronologischer Reihenfolge. Die übrigen Texte sehr unterschiedlicher Art sind in den restlichen 126 Schubern mit den Reihen B, C, D untergebracht, aber nicht so, dass die Verteilung auf diese drei Reihen eine durchgehende Systematik aufweise. Auch ist eine (zunächst vielleicht angestrebte) Entsprechung zwischen den vier »Reihen« und den vier Abteilungen der Heidegger-Gesamtausgabe nicht erkennbar.

Nachdem Heideggers Nachlass ins Deutsche Literaturarchiv überführt war, nahmen Hermann Heidegger und Friedrich-Wilhelm von Herrmann, Martin Heideggers damaliger Privat-Assistent, die Aufgabe in Angriff, den von Heidegger durchgesehenen

---

[4] Vgl. von Bülow, a.a.O., S. 305f.

und geordneten Nachlass für die Zusammenstellung der Gesamtausgabe zu sichten. Sie arbeiteten seit dieser Zeit über dreißig Jahre lang regelmäßig am Nachlass, um den Plan der Gesamtausgabe
weiter zu differenzieren. Dafür gebührt ihnen großer bleibender
Dank. Eine Frucht jener Zusammenarbeit ist eine in Maschinen-
schrift abgefasste und mit vielen handschriftlichen Ergänzungen
versehene 115 Seiten lange Liste aller philosophischen Manuskripte, die im Rahmen des Nachlass-Transfers nach Marbach kamen;
die Liste trägt den Titel »Inhalt der Schuber und Kassetten des
handschriftlichen Nachlasses sowie der Mappen mit den Ty-
poskripten im Marbacher Heidegger-Archiv«. Alle in der Liste
aufgeführten Texte sind mit einer Archiv-Signatur gemäß der
oben beschriebenen Kategorisierung des Nachlasses versehen.[5]

In dem, wie unter I. berichtet, 1973/74 noch mit Heidegger
selbst beschlossenen Plan der Gesamtausgabe wurden vier Abteilungen unterschieden: I. Veröffentlichte Schriften (1910–1976), II.
Vorlesungen (1919–1944), III. Unveröffentlichte Abhandlungen /
Vorträge – Gedachtes, und IV. Hinweise und Aufzeichnungen.
Die IV. Abteilung enthält Texte, die als Kommentare von Heidegger zu seinen in den Abteilungen I–III enthaltenen Schriften
gelesen werden können, also Notizen zu Seminaren, ausgewähl-
te Briefe und die inzwischen unter der Bezeichnung »Schwarze

---

[5] Auf die Signaturen in dieser Liste beziehen sich auch die Angaben
von Günther Neumann, Herausgeber von GA Bd. 80: Vorträge. Teil 1: 1913–
1932. Frankfurt a. M. 2016, S. 527–554.

Hefte« bekannt gewordenen tagebuchartigen Sammlungen von Notizen, mit denen Heidegger mindestens seit 1931 seinen eigenen Denkweg begleitete und die er selbst gelegentlich als »Werkstattaufzeichnungen«[6] bezeichnete. Die erste Fassung des Plans der Gesamtausgabe, die damals 57 Bände umfassen sollte, erschien 1977 als Anhang des in diesem Jahre publizierten Gesamtausgabe-Bandes von »Sein und Zeit«.

[6] In Anbetracht der von allem Gewohnten abweichenden Beschaffenheit dieser Texte wahrscheinlich ihre treffendste Bezeichnung, vgl. Arnulf Heidegger: Zur Entstehungsgeschichte der Gesamtausgabe von Martin Heidegger, in: Seefahrten des Denkens. Dietmar Koch zum 60. Geburtstag. Hg. von A. Noveanu u. a. Attempto-Verlag: Tübingen 2017, S. 152f.

III. Planung von Ergänzungsbänden

Die Suche nach Texten, die der Arbeitgruppe als publikationswürdig und somit als geeignet für die Aufnahme in Ergänzungsbände der GA erscheinen könnten, gestaltete sich als schwierig, weil sich nicht ganz eindeutig klären lässt, welche Kriterien der Publikationswürdigkeit überhaupt an die Manuskripte angelegt werden müssen. Worin Heidegger Sinn und Aufgabe der Gesamtausgabe sah, geht aus seinen letzten einschlägigen Hinweisen hervor, die F.-W. von Herrmann als Herausgeber ihres Eröffnungsbandes in seinem Nachwort bekannt gemacht hat.[7] Diese Hinweise lassen Heideggers Wunsch verständlich werden, die Gesamtausgabe solle eine Edition »letzter Hand« sein. Die Texte der Gesamtausgabe entsprechen diesem Wunsch, wenn sie in dem Zustand veröffentlicht werden, den Heidegger selbst ihnen in einem letzten Akt des Auswählens und Ordnens gegeben hat. Und daraus ergibt sich, welche Kriterien der Publikationswürdigkeit die Herausgeber grundsätzlich zu beachten haben.

Heidegger hatte die wohl nur mündlich geäußerte Vorstellung, dass in die Gesamtausgabe ausschließlich Texte aufgenommen werden sollten, für deren Satzfertigkeit es keiner tiefer- und weitergehenden Bearbeitung durch die Editoren bedurfte. Entsprach

---

[7] Frühe Schriften. GA 1. Hg. von Friedrich-Wilhelm von Herrmann. Frankfurt a. M. 1978, S. 437f. Der Orientierung der Herausgeber können auch fünf DIN A 4-Seiten dienen, die eine »Ergänzung der Leitsätze für die Edition der II. Abteilung (Vorlesungen) der Gesamtausgabe der Schriften Martin Heideggers« enthalten. Dieser Text wurde vor 1982 von F.-W. von Herrmann ausgearbeitet.

ein Manuskript diesem Formalkriterium nicht, sollte es – auch im Zweifelsfalle – nicht veröffentlicht werden. Demgemäß sollte ein im Sinne von Heidegger publikationswürdiges Manuskript im Normalfall von solcher Beschaffenheit sein, dass es genügte, den Text zu transkribieren, Schreibfehler zu berichtigen, Abkürzungen aufzulösen und hier und da eine Quelle anzugeben.

Nun finden sich aber im Nachlass nicht wenige Manuskripte, die diesem Normalfall nicht entsprechen. Trotzdem kann und muss ihre Publikationswürdigkeit dann erwogen werden, wenn es sich um einen Fließtext handelt; denn im Vergleich zu lockeren Aufzeichnungen oder Notizen stellt dieser Textzustand eine fortgeschrittenere Ausarbeitung dar. Doch die Orientierung an diesem Kriterium stößt auch auf Bedenken; denn es stellt sich die Frage: Darf es als vorentschieden gelten, dass die maßgebenden Ideen eines Philosophen sich nur in einem Fließtext mitteilen lassen? Zudem muss ein kleines Stück Fließtext von einer zusammenhängenden Aufzeichnung unterschieden werden; aber die Grenze zwischen beidem lässt sich in Heideggers Manuskripten oft nur schwer ziehen.

Die Einschätzung der Publikationswürdigkeit wird vor allem aber dadurch enorm erschwert, dass Heidegger den zusammenhängenden Aufzeichnungen die Überfülle der in I. erwähnten Notizzettel beigefügt hat. Er hat diese Zettel nicht völlig ungeordnet hinterlassen, sondern er hat sie in dicken Stapeln zu einem jeweiligen Themenfeld zusammengestellt. Es verdient Beachtung, dass er dabei durchaus eine gewisse Auswahl traf; denn wir wissen, dass er viele Aufzeichnungen vernichtet hat. Wenn Heidegger eine große Zahl seiner Notizen mit »letzter Hand« einem bestimmten Themenfeld zuordnet und in dieser Form zu seinem Nachlass zählt, signalisiert er damit möglicherweise ihre Veröffentlichungswürdigkeit; dann aber darf der fragmentarische Charakter nicht von vornherein als Ausschlusskriterium gelten. Wegen der von Heidegger selbst vorgenommenen Bündelung der Notizzettel ergibt sich für die Einschätzung der Publikationswürdigkeit von Aufzeichnungen auf den Zetteln die Aufgabe, zu prüfen, ob sie sich auf eines der identifizierbaren Themenfelder im Nachlass beziehen. Dass sich solche voneinander abgrenzbaren Themenfelder bei Heidegger unterscheiden lassen, zeigen die schon erschienenen Bände der Gesamtausgabe.

Wenn Notizen auf den Zetteln sich einer thematisch zusammenhängenden Aufzeichnung zuordnen lassen und sie gedanklich ergänzen, bedürfen sie für die Veröffentlichung nicht nur deshalb eines größeren Bearbeitungsaufwandes, weil sorgfältig geprüft werden muss, welche Notizen für die Bezugsthematik einschlägig sind. Auch die Entzifferung von Heideggers Handschrift stößt bei den Notizzetteln oft in erhöhtem Maße auf Schwierigkeiten. Viel Arbeitsaufwand wird bei allen Aufzeichnungen – gleichgültig ob fragmentarische Notizen oder zusammenhängender Text – erforderlich, wenn es sich um Manuskripte mit eingearbeiteten Zitaten anderer Autoren handelt, in denen der Nachweis ihrer Herkunft fehlt und vom Herausgeber erbracht werden muss.

Die Arbeitsgruppe hat sich bemüht, bei ihrer Empfehlung von

Ergänzungsbänden Einseitigkeiten zu vermeiden und alle oben aufgeführten Kriterien und Gesichtspunkte der Publikationswürdigkeit zu berücksichtigen. Die Strenge dieser Maßstäbe hat die Arbeitsgruppe – auch in Anbetracht der ungewöhnlich großen Zahl der bereits in die Gesamtausgabe aufgenommenen Bände – nach sorgfältiger Überlegung veranlasst, nur wenige Textgruppen für die Publikation von Ergänzungsbänden vorzuschlagen, nämlich folgende Manuskripte:

1. Gespräche (D5, »Auf dem Uferpfad am Strom«, sowie aus Chamois Nr. 10, »Die Zeit kommt …« (21 Blatt), »Ä.: Dann gaben wir es zu rasch auf …« (112 Bl.))
2. Raum – Über den Schmerz (B22, 570 Bl.) – Stimmung (B30.2, 109 Bl.)

Die zwei oder drei Bände, deren Umfang zu diesem Zeitpunkt noch nicht angegeben werden kann, sollen als Supplement-Bände zu den 102 Bänden der Gesamtausgabe erscheinen.

IV. Neue Sichtung des Nachlasses

Die Teilsperrung für den Nachlassteil »Heidegger 1« stieß bei einigen Kritikern der Gesamtausgabe auf Unverständnis, weil sie vermuteten, die für die Nachlassbände Verantwortlichen hätten bei der Veröffentlichung politisch anstößige Textpartien der Öffentlichkeit vorenthalten. Trotzdem blieb aus den bereits dargelegten Gründen diese Teilsperrung aufrecht erhalten. Beim Erscheinen der ersten Bände der »Schwarzen Hefte«, welche bis dahin der Öffentlichkeit unbekannte antisemitisch klingende Äußerungen enthielten, wurde die Forderung nach Öffnung des besagten Nachlassteils mit noch mehr Nachdruck erhoben. Für ihre Berechtigung schien als konkreter Beleg eine Mitteilung von Peter Trawny, Herausgeber von GA 69 »Geschichte des Seins«, zu sprechen: Er wies darauf hin, dass bei der Veröffentlichung dieses Bandes ein Anstoß erregender Satz über die »Judenschaft« weggelassen wurde.[8]

In der eingangs erwähnten Arbeitsgruppe, die in dieser Situation eingerichtet wurde und die u.a. die Aufgabe hatte, Heideggers Nachlass noch einmal auf problematische Äußerungen zum Nationalsozialismus bzw. zum Judentum hin zu sichten, wurden in etwa siebentägiger Arbeit, die sich auf mehrere Zusammenkünfte verteilte, folgende Manuskripte durchgesehen: A27, A29, A41, A45a, A83.5, B1 (Geschichte des Seins), B5, B14/15/16/17/18/20 (die

---

[8] Vgl. Peter Trawny: Heidegger und der Mythos der jüdischen Weltverschwörung. Vittorio Klostermann Verlag: Frankfurt a.M., 3. Aufl. 2015, S. 53.

seinsgeschichtlichen Abhandlungen), B22, B23, B26, B29, B30, B31, B32, B32.9, B45, B46, B63.2, B83.1, B83.2, C15, C24, D4, D3, D2, D7, D5, D6, D8, D11, Chamois-Mappe Nr. 10. Außerdem wurden die vorhandenen Mitschriften der Vorlesungen und Seminare aus den dreißiger Jahren samt den »Protokollen der Arbeitsgemeinschaft über Hegel: Phänomenologie des Geistes« vom »Winterhalbjahr 1934/35« sowie im Nachlassteil »Heidegger 2« wichtige Manuskripte aus dem Nachlass Hartmut Buchners (z.B. die »Bremer Vorträge«) untersucht. Entsprechend den Ausführungen unter I. über den Privatnachlass bzw. die Privatkorrespondenzen fand in diesem Bereich keine Sichtung statt. Die Sichtung beschränkte sich auf den philosophischen Nachlass ohne die Korrespondenzen.

V. Problematische Stellen

Die Veröffentlichung der Bände 94–97 der Gesamtausgabe hat eine Diskussion ausgelöst, in der kritische Fragen gestellt wurden, die aus den unter IV. angedeuteten Gründen auch die Arbeit der Herausgeber betrafen. Könnten sich im gesperrten Teil des Nachlasses noch Manuskripte befinden, in denen Heidegger – ähnlich wie in den inzwischen veröffentlichten »Schwarzen Heften« – in politisch-ethischer Hinsicht im Zusammenhang mit Nationalsozialismus und Judentum Aussagen macht, die wir als anstößig empfinden? Wurden oder werden solche Manuskripte zurückgehalten, um die Reputation des Philosophen nicht noch mehr zu beschädigen?

Um dieser Kritik zu begegnen, hat der Nachlassverwalter inzwischen nicht nur selbst einschlägiges Material veröffentlicht,[9] sondern mit der erwähnten Arbeitsgruppe den noch nicht veröffentlichten Bestand des Nachlasses durchgesehen, um zu prüfen, ob es Texte mit Äußerungen gibt, die in politisch-ethischer Hinsicht als problematisch angesehen werden können. Die Resultate dieser Durchsicht werden im Folgenden vorgestellt.

[9] Heidegger und der Antisemitismus. Positionen im Widerstreit. Mit Briefen von Martin und Fritz Heidegger. Hg. von Walter Homolka und Arnulf Heidegger. Herder Verlag: Freiburg i. Br. 2016.

V.1

Bei erneuter Durchsicht einiger Blätter, die in den Umkreis des Manuskripts »Die Geschichte des Seins« (Archiv-Signatur B1, GA 69) gehören, fand sich ein Zettel, auf dem Heidegger drei Begriffe notiert):

»Zerstörung – | Beseitigung – Ausrottung |«

Der Zettel gehört zu einem Manuskript, in dem Aufzeichnungen zusammengestellt sind, die zwischen 1938 und 1940 entstanden. Heidegger verwendet das Wort »Ausrottung« eher selten. In den »Schwarzen Heften«, die aus der Zeit des Zweiten Weltkriegs und der unmittelbaren Nachkriegszeit stammen, wird der Begriff der »Ausrottung« und das Verbum »ausrotten« beinahe ausschließlich auf ideelle Gegenstände bezogen (»Wissen […] ausrotten«, GA 96, S. 220; »Ausrottung des Denkens«, GA 97, S. 155). Die Formulierung »Ausrottung des ›Individualisten‹«, GA 96, S. 61, bezieht sich wohl weniger auf die physische Vernichtung als vielmehr auf das Unmöglichwerden einer individualistischen Existenz; lediglich die Rede von der »Maßnahme der Ausrottung«, GA 97, S. 157, scheint sich auf eine Extermination zu beziehen; allerdings spricht Heidegger hier von der Vernichtung der »Deutschen«. Außerdem ist zu beachten, dass Heidegger dort, wo er sich während des Krieges wirklich einmal auf konkrete Vernichtungsaktionen bezieht, von den »Bolschewiken« spricht. (GA 96, S. 237)

Fazit: Es sind keine Anzeichen für einen Zusammenhang der drei Begriffe mit der Vernichtung der Juden zu finden.

V.2

In einem der Manuskripte mit dem Titel »Die Stege des Anfangs« (C15) gibt es ein Kapitel mit der Überschrift »Das Seiende und der Mensch«. Unter den für dieses Kapitel zusammengestellten Aufzeichnungen befindet sich folgender Text:

»Wiederholung 12–15

Außer der Verbergung nach der Weise der Verstellung und Entstellung waltet eine Verbergung, die im Wesen des Todes, der Nacht und des Nächtlichen der Erde und des Unter- und Übererdigen erscheint. Dieses Verbergen und sein entsprechendes Entbergen durchwaltet das Seiende im Ganzen. Wo immer und wie immer das Seiende im Ganzen in seinem Sein ins Unverborgene kommt, gelangt es für die Griechen anfänglich ins Wort. Das Wort selbst hat das Wesen, das Seiende in seinem Sein erscheinen zu lassen und das Erschienene zu bewahren. Das Sein des Seienden gibt sich anfänglich in das Wort. Deshalb ist das Wort selbst dasjenige, das der Mensch zu sagen und zu wahren hat. Das Wort zu ›haben‹ ist die Wesensauszeichnung des griechisch erfahrenen Menschenwesens.

Wo ein Menschentum in ein solches Wesen – das Wort zu haben – gestellt ist, da muß das Grundverhältnis zum Sein des Seienden durch das Wort gegründet und gebaut sein. Hier ist der ›Mythos‹ und der ›Logos‹ notwendig und nur hier ist er möglich. Nur auf dem Grunde dieser Möglichkeit und Notwendigkeit sind hier die Dichter und die Denker, die wir die griechischen nennen. Nur durch diese bestimmten Dichter und Denker kann anfänglich einmal und seitdem niemals wieder der Sinn des Seienden gesagt werden. Denn nochmals seit dem Römertum und Christentum kehrt sich zufolge einer eigentümlichen Vorbereitung durch das sich vollendende Griechen-Wesen alles um. Das Seiende wird aus dem Seienden erklärt und das Sein des Seienden ist in der Gestalt des Selbstverständlichsten vergessen. Jetzt ist das Seiende so wie es ist, weil es ein Gott so ›geschaffen‹ und angelegt hat. Jetzt ist die weite Möglichkeit gegeben, alles was ist und sonst gemacht wird, aus der gegebenen Anlage des Menschen und des Menschentums zu erklären. Am Ende betrachtet man wie z. B. Spengler auf dem Boden der Metaphysik Nietzsches alle Geschichte als Kultur, die Kultur als Ausdruck und Ausschwitzung einer eben vorhandenen ›Kulturseele‹ – morphologisch; unter Berufung auf Goethe wird die Geschichte als ein einziger Gegenstand einer riesenhaften Botanik genommen – diese botanisch-zoologische Auffassung der Geschichte und der Menschentümer hat ihren metaphysischen Grund in der christlichen Weltdeutung und diese entstammt der jüdischen Schöpfungslehre. Jede biologische Geschichtstheorie und jede Rassenlehre ist in ihrem Prinzip jüdisches ›Gedankengut‹.

[nicht vorgetragen – wichtig für die Einsicht in das Grundverhältnis zwischen Sein – Seiendem – Sage und Menschentum]«

Das Blatt ist im Format und in der Art seiner Gestaltung typisch
für Heideggers Vorlesungsmanuskripte.[10] Es stammt ursprünglich
aus dem Manuskript der Parmenides-Vorlesung (wie auch der Herausgeber angibt, eigentlich »Parmenides und Heraklit«) aus dem
Wintersemester 1942/43. Es ist als »Wiederholung« markiert, d.h.
es rekapituliert Vorangegangenes. Heidegger hat es »nicht vorgetragen« und dann selbst in das Manuskript »Die Stege des Anfangs« übertragen. Dort befindet es sich in einem Kapitel mit der
Überschrift »Das Seiende und der Mensch« an einem durchaus
passenden Ort.

In der veröffentlichten Vorlesung selbst steht ein ähnlicher
Text, der allerdings die Äußerungen über das Judentum nicht enthält. An der Stelle, an der Heidegger von der »jüdischen Schöpfungslehre« und dem »jüdischen ›Gedankengut‹« spricht, steht im
veröffentlichten Vorlesungsmanuskript (A45) der Satz: »Dieser
ursprünglichere Anfang kann sich nur so wie der erste Anfang
in einem abendländischen geschichtlichen Volk der Dichter und
Denker, d.h. bei den Deutschen ereignen.« (GA 54, S. 114) Ein ge-

---

[10]   Wie in I. erwähnt, benutzte Heidegger für die Vorlesung das unge-
wöhnliche Papierformat 33,2 cm x 21 cm. Er legte die Blätter quer, um auf der
linken Blatthälfte den Haupttext niederzuschreiben und auf der rechten Seite
Einschübe, Korrekturen und begleitende Bemerkungen unterzubringen.

nauer Vergleich der beiden Manuskriptblätter zeigt, dass der Satz über die »Deutschen« sich an exakt derselben Stelle des Blattes befindet wie der Satz über das »jüdische ›Gedankengut‹« auf dem ins andere Manuskript übertragenen Blatt (vgl. die Faksimiles auf S. 34/35 u. S. 38/39).

In der Sache ähnelt die Aussage, »jede biologische Geschichtstheorie und jede Rassenlehre« sei »in ihrem Prinzip jüdisches ›Gedankengut‹, dem in den »Überlegungen XII« bereits veröffentlichten Gedanken: »Die Juden ›leben‹ bei ihrer betont rechnerischen Begabung am längsten schon nach dem Rasseprinzip, weshalb sie sich auch am heftigsten gegen die uneingeschränkte Anwendung zur Wehr setzen.« GA 96, S. 56.

V.3

Aus einem Konvolut von unnummerierten Zetteln mit der Überschrift »Ver-wahr-losung – Vergessenheit – T« (B45) stammen folgende zwei Aufzeichnungen (vgl. das Faksimile auf S. 43):

»›Politik‹

Wenn wir nach der mit Hilfe Rußlands erzwungenen vollständigen Niederlage Deutschlands dieses bis zum letzten Rest ausbeuten und als Konkurrenten beseitigen wollen, bedarf es für die nach ›Kriegsende‹ einsetzende Durchführung der Vernichtung eines <u>Vorwandes</u> ›der <u>Bestrafung</u>‹. Da man ja vorher nur darum geschrien hat, das Volk vom Nazijoch zu befreien. Nichts willkommener als die Kz-Propaganda – die auf ›Tatsachen‹ fußen kann, aber großartige Möglichkeiten bietet, von allem anderen abzulenken und die Deutschen in Sündenbekenntnisse und ähnliches hineinzutreiben – unter dem Schutz »man« sein Vorhaben <u>durchführt</u>: die ›moralische Entrüstung‹ als ›<u>Kampfmittel</u>‹. Dann gibt es ›Deutsche‹, die glauben und glauben machen wollen, die Sieger, triefend von Moral und Anständigkeit, seien nur wegen der deutschen Kz-Schandtaten gezwungen (moralisch) zu dem Vergehen der Ausrottung, das sie jetzt betreiben –

Das alles ist nur die Vorbereitung des Aufmarschfeldes für <u>Rußland</u>.«

*

»Die Deutschen – gesindelhafter »Geist«

Das seltsam verwirrte Volk – mit furchtbarem Gesindel des Geistes.

Vgl. Hölderlin.

Und jetzt – sind sie im Leiden und Geschick, aber auch im Denken – aller Welt voraus und lassen sich zugleich durch diese hinter sich selber zurückzerren und dazu treiben: den Ortegas, Toynbees und Elias' nachzulaufen.

Und den Diebstahl zu bestaunen.

Und Nietzsche! – lassen sie sich in den Dreck ziehen.«

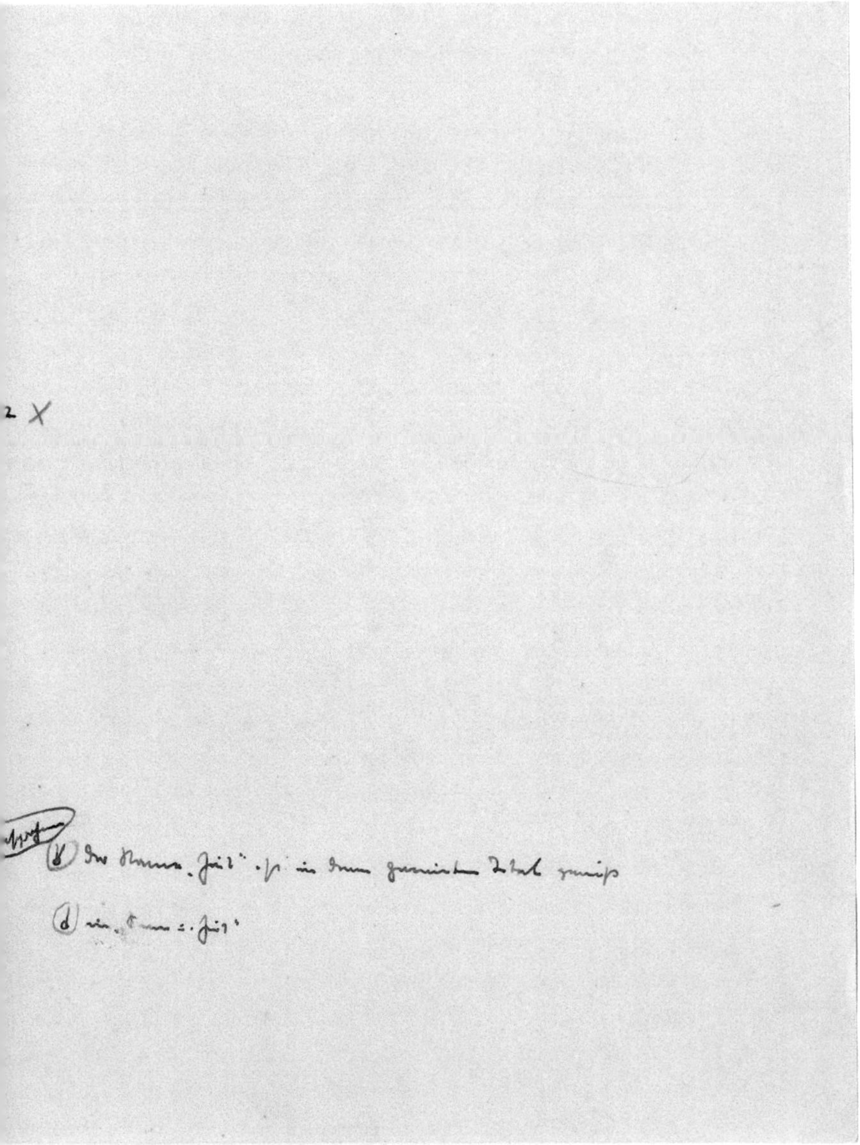

2 X

(c) *[handwritten German text, illegible]*

(d) *[handwritten German text, illegible]*

Wiederholg. / 1

<u>12-15</u> / Außer der Verbergung nach der Weise des Verstellens und Ent•
bergen, das im Wesen des Todes, der Nacht u. alles Nächtlichen, der Erc
Übererdigen erscheint. <u>Solches</u> Verbergen durchwaltet das Seiende im G•
und Ersten. <u>Dieses</u> Verbergen trägt <u>in sich</u> die <u>zum voraus</u> alles mitfügenc

5 möglichen <u>Ent</u>bergung und der Unverborgenheit des Seienden <u>als eines</u> •
aber auch u. <u>wie</u> immer für das Griechentum das Seiende <u>sich</u> in die Unv•
gehen läßt, da <s>gelangt</s> "kommt" das Sein in einem <u>vorzüglichen</u> Sinne „zum Wort".
dem anfänglichen, alles durchwesenden Walten der Verbergung und Ent•
Ⓦort gleichursprünglichen <u>Wes</u>ens mit Entbergung u. Verbergung. Das W•

10 darin, das Seiende in seinem Sein <u>erscheinen</u> zu lassen u. das <u>also Ersch</u>
Unverborgene <u>als</u> ein solches aufzubewahren. / <u>Das Sein gibt sich anfänç</u>
[Versuchen wir aus diesem anfänglichen Wesensbezug von Sein u. W•
borgene Wesensgeschichte des Abendlandes zu erfahren, dann können •
Ereignisse dieser Geschichte in drei Titeln nennen. Der Gebrauch solcher

15 mißlich, wenn es bei den bloßen Titeln bleibt. Der erste Anfang der Weser
Abendlandes steht unter dem Titel ⟨Sein und Wort⟩ Das „Und" nennt den
den das <u>Sein selb</u>st, <u>nicht</u> etwa die <u>darüber</u> erst <u>nachdenkenden Mensch</u>•
um in ihm sein Wesen <u>zur Wahr</u>heit bringen. Bei Plato u. Aristoteles, die d•
der Metaphysik sagen, wird das zum λόγος i.S. der Aussage. Diese wandе

20 Verlauf der <u>Entfal</u>tung der Metaphysik zur ⟨Ratio⟩ zu Vernunft und Geist. Di•
des Abendlandes, will sagen: die Wesensgeschichte des Abendlandes v•
steht unter dem Titel ⟨Sein und Ratio⟩. <u>Deshalb</u> erscheint auch ein Weltalt•
Metaphysik und <u>nur</u> in diesem „das Irrationale" u. in seinem Gefolge „das
wir an den Titel ⟨Sein und Zeit⟩, dann besagt hier „Zeit" <s>nicht</s> weder die gе

25 der „Uhr" noch die „Zeit" des „Erlebens" i.S. von Bergson und anderen Ⓘ
Zugehörigkeit zum Sein der <u>Vorname</u> für das <u>ursprüngliche</u> Wesen der A𝒳
Wesens<u>grund</u> für die Ratio <u>u.</u> alles Denken <u>u.</u> Sagen. „Zeit" ist Ⓘ, so befreн
muß, der Vorname für den Anfangs<u>grund</u> des Wortes. „Sein und Wort", dе
Anfangs der Wesensgeschichte des Abendlandes ist anfänglicher erfahrе

30 „S.u.Z." ist der Hinweis auf das Ereignis, daß das Sein selbst eine anfängl
dem abendländischen <u>M</u>enschen zuschickt. Dieser ursprünglichere Anfaн
wie der erste Anfang im abendl. <s>Volk</s> einem geschichtlichen Volk der Dichter u. [
bei den Deutschen ereignen. / ✗✗✗✗✗✗✗✗✗✗✗✗✗✗✗✗✗✗✗✗✗✗✗✗✗✗✗✗✗✗✗✗✗✗✗

36   V. Problematische Stellen

ıltet ein Ver-

s Unter u.

tzten

Vo immer

eit auf-

ıl dahei das

n eigenes Wesen

.h.

ort. / → S. 2 X

fachen

eilich stets

ıte des

ezug,

ıen läßt,

sik

ois zu Nietzsche,

Denken

Zeit

ausgesprochenen

er in der klar   (!) Der Name „Zeit" ist in dem gemeinten Titel gemäß

nennt den

s klingen   (!) in „Sein u. Zeit"

handlung

ahrung

ch nur so

h.

xxx

[handwritten text — illegible]

Wi<u>e</u>derholg.

<u>12–15</u>

Außer der Verbergung nach der Weise der Verstellung u. Entstell<
eine Verbergung, die im Wesen des Todes, der Nacht u. des Nächtlichen, de
u. des Unter u. Übererdigen erscheint. Dieses Verbergen u. sein entsprechend
durchwaltet das Seiende im Ganzen- Wo immer u. wie immer das Seiende
i.G. in seinem Sein ~~erscheint~~ ins Unverborgene kommt, gelangt es
für die Griechen anfänglich ins Wort. Das Wort selbst hat das Wesen,
das Seiende in seinem Sein erscheinen zu lassen u. das Erschienene zu
bewahren. Das Sein des Seienden gibt sich anfänglich in das Wort. Deshalb is<
das Wort selbst dasjenige, das der Mensch zu sahen u. zu wahren hat. Das Wo
zu „haben" ist die Wesensauszeichnung des griechisch. erfahrenen Menschen
Wo ein Menschentum in ein solches Wesen – das Wort zu haben – gestellt
ist, da muß das Grundverhältnis zum Sein des Seienden durch das Wort gegründet und gebaut sein. Hier ist der „Mythos" u. der „Logos" ~~immer nur~~ notwe<
und nur hier ist er möglich. Nur auf dem Grunde der Möglichkeit und Notwendi<
die Dichter u. die Denker, die wir die griechischen nennen. Nur durch diese be<
Dichter u. Denker kann anfänglich einmal und seitdem niemals wieder das Seir
des Seienden gesagt werden. Denn nachmals seit dem Römertum und Christe<
kehrt sich zufolge einer eigentümlichen Vorbereitung durch das ~~volle~~ sich volle<
alles um. Das Seiende wird aus dem Seienden erklärt u. das Sein des Seiender
ist in der Gestalt des Selbstverständlichsten vergessen. Jetzt ist das Seiende s<
weil es ein Gott so „geschaffen" u. angelegt hat. Jetzt ist ~~ist~~ die weite Möglichke
geben, alles was ist u. sonst gemacht wird, aus der gegebenen Anlage des Me<
u. der Menschentümer zu erklären. Am Ende betrachtet man wie z.B. Spengler<
Boden der Metaphysik Nietzsches alle Geschichte als Kultur, die Kultur als Aus<
schwitzung einer eben vorhandenen „Kulturseele" – morphologisch; unter Beru<
wird die Geschichte als ein einziger Gegenstand einer riesenhaften Botanik ge<
diese botanisch-zoologische Auffassung der Geschichte u. der Menschentüme<
metaphysischen Grund in der christl. Weltdeutung u. diese entstammt der jüdis<
Jede biologische Geschichtstheorie u. jede Rassenlehre ist in ihrem Prinzip jüd<
„Gedankengut".

en

[nicht vorgetragen – wichtig für die Einsicht in das Grundverhältnis
zwischen Sein – Seiendem – Sage u. Menschentum.]

ier

iechen Wesen

t,

Aus-
oethe

pfungslehre.

„Politik"

Wenn wir nach der mit Hilfe Rußland erzwungenen
vollständigen Niederlage Deutschlands dieses bis zum Letzten
5   Rest ausbeuten u. als Konkurrenten endgültig beseitigen wollen, bedarf es für die nach „Kriegsende"
einsetzende Durchführung der Vernichtung eines Vorwandes
„der Bestrafung". Da man ja vorher nur darum
geschrien hat; das Volk vom Nazijoch zu befreien.
10 Nichts willkommener als die Kz.propaganda –
die auf „Tatsachen" fußen kann, aber großartige
Möglichkeiten bietet, von allem anderen abzulenken u.
die Deutschen in Sündenbekenntnisse u. ähnl. hinein
zu treiben – unter dem Schutz „man" sein Vorhaben
15 durchführt, die „moralische Entrüstung" als „Kampfmittel"
Dann gibt es „Deutsche", die glauben u. glauben machen wollen, die
Sieger, triefend von Moral und Anständigkeit, seien nur wegen der deutsch
Kzschandtaten gezwungen (moralisch) zu dem Vergehen der Ausrottung,
das sie jetzt betreiben – –
20 Das alles ist nur die Vorbereitung des Aufmarschfeldes für Rußland.

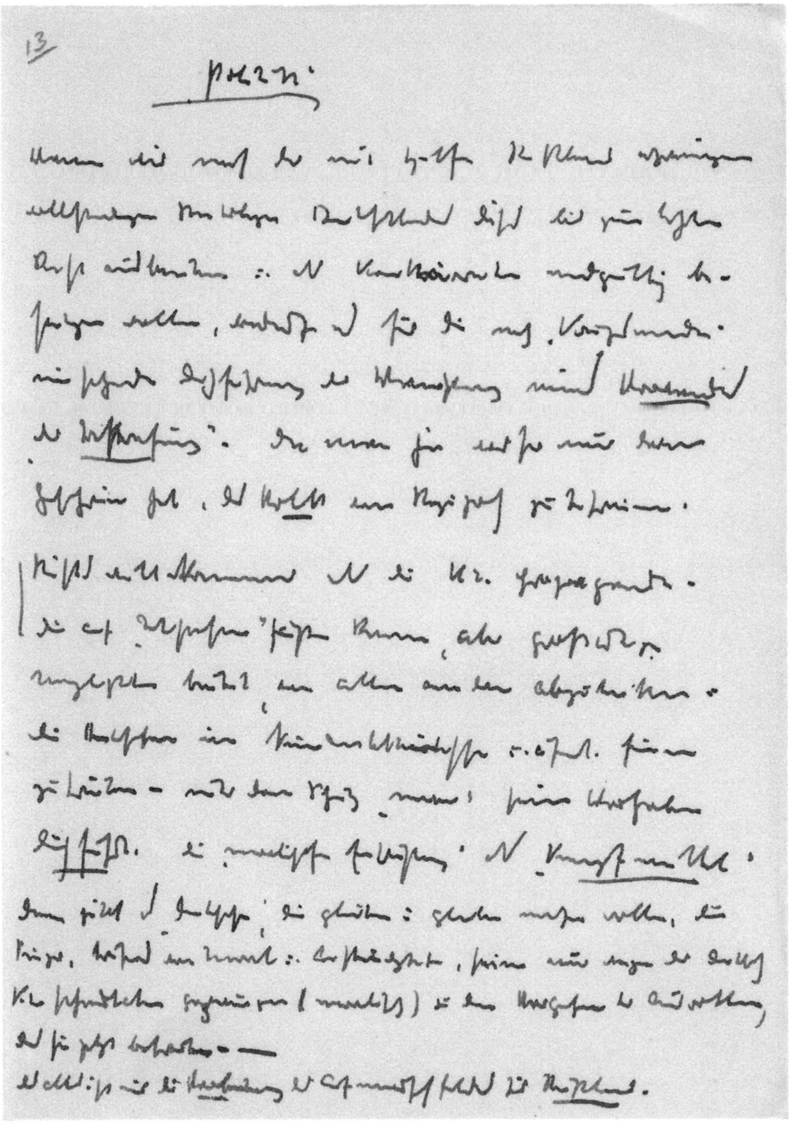

Die Datierung der ersten Aufzeichnung zur »Politik«« ist nicht leicht. Sie könnte kurz vor dem Ende des Zweiten Weltkriegs, aber auch kurz danach verfasst sein. Sogenannte »Kz-Propaganda« gab es – vor allem im Ausland – schon vor 1945. Der Gedanke einer Instrumentalisierung des deutschen Massenmords in den Vernichtungslagern für die Rechtfertigung einer – je nach Kontext – geistigen oder physischen »Ausrottung« der »Deutschen« erinnert an Äußerungen aus Heideggers nach dem Krieg entstandenen »Anmerkungen« (z. B. GA 97, S. 444, 460).

Die zweite Notiz drückt Heideggers Enttäuschung über die »Deutschen« aus. Der Hinweis auf Hölderlin bezieht sich wahrscheinlich auf dessen sogenannte »Deutschenschelte« aus dem »Hyperion«.[11] Die Erwähnung von José Ortega y Gasset, Arnold J. Toynbee und Norbert Elias ist offenbar eine Reaktion auf verschiedene Veröffentlichungen dieser Autoren.[12]

[11] Vgl. Friedrich Hölderlin: »Hyperion«, »Empedokles«, Aufsätze und Übertragungen – kritische und kommentierte Edition. Hg. von Jochen Schmidt. Deutscher Klassiker Verlag: Frankfurt a. M. 1994, S. 168ff. Heidegger geht auf diese berühmte Stelle aus Hölderlins Roman in den »Überlegungen V« ein. Vgl. GA 94, S. 329f.
[12] José Ortega y Gasset: Um einen Goethe von innen bittend. DVA: Stuttgart 1949, spanisch schon 1932. Heideggers zu dieser Zeit häufiger geäußerte Abneigung gegen Goethe (GA 97, S. 76) ist einschlägig; Arnold J. Toynbee: Der Gang der Weltgeschichte. Aufstieg und Verfall der Kulturen. Kohlhammer Verlag: Stuttgart 1949, englisch schon 1934; Norbert Elias: Über den Prozeß der Zivilisation. Verlag Haus zum Falken: Basel 1939.

V.4

Das folgende Schriftstück ist das maschinenschriftliche Protokoll einer Lehrveranstaltung über Hegels »Phänomenologie des Geistes« aus dem Wintersemester 1934/35, verfasst vom damals einunddreißigjährigen Karl Rahner, dem später berühmt gewordenen katholischen Theologen. Auf der ersten Seite des Konvoluts von 15 Protokollen (14 maschinenschriftlich, eines handschriftlich, insgesamt 111 Seiten) befindet sich der Titel der Veranstaltung: »Philosophisches Seminar I, Freiburg i. Br., Winterhalbjahr 1934/35, Protokolle der Arbeitsgemeinschaft über Hegel: Phänomenologie des Geistes; geleitet von Prof. Heidegger«. Das erste Protokoll stammt vom 8. November 1934, das letzte vom 7. Juni 1935. Hier und da finden sich handschriftliche Randbemerkungen von Heidegger. Das hier veröffentlichte Protokoll ist das achte.

Es handelt sich um eine Interpretation des Kapitels »B. Freiheit des Selbstbewußtseins. Stoizismus, Skeptizismus und das unglückliche Bewußtsein« aus dem Abschnitt »B. Selbstbewußtsein« von Hegels »Phänomenologie des Geistes«. Was hier auffällt, ist die Interpretation des »Judentums« als »erste konkrete Form des unglücklichen Bewusstseins«. Die Interpretation muss schon deshalb als höchst ungewöhnlich bezeichnet werden, weil Hegel selbst das Judentum in diesem Kapitel mit keinem Wort erwähnt. Die enge Verbindung von »Judentum« und »unglücklichem Bewusstsein« findet sich bei keinem etablierten Hegel-Forscher; ihre

Herkunft ist unbekannt. Das Kapitel, das in der »Phänomenologie des Geistes« implizit vom Judentum handelt (auch dort wird es nicht ausdrücklich genannt), findet sich in Abschnitt »VII. Die Religion, A. Natürliche Religion, a. Das Lichtwesen«.[13] In diesem rätselhaften Kapitel bezieht sich Hegel wahrscheinlich auf die Religionen des Orients überhaupt.[14]

[13] Georg Wilhelm Friedrich Hegel: Phänomenologie des Geistes. Gesammelte Werke. Bd. 9. Hg. von Wolfgang Bonsiepen und Reinhard Heede. Felix Meiner Verlag: Hamburg 1980, S. 370ff.

[14] Jedenfalls verwendet Hegel die Licht-Metapher häufig in Bezug auf die »orientalische Welt« – so wenn er von der »Morgenröte des Geistes« oder vom »Lichtprinzip« des »persischen Staates« spricht. Vgl. Georg Wilhelm Friedrich Hegel: Vorlesungen über die Philosophie der Geschichte. Zweite Hälfte. Bd. II: Die orientalische Welt, Bd. III: Die griechische und die römische Welt, Bd. IV: Die germanische Welt. Hg. von Georg Lasson. Felix Meiner Verlag: Hamburg 1988, S. 267 u. 272.

Hier das Protokoll von Rahner:

8.   18. 1. 35
Einleitend wurde das Wesen von Anschauung und Begriff bei
Kant nochmals genauer gefasst, weil der Begriff auch in der Phä-
nomenologie noch die Kantische Bedeutung hat und erst in der
Logik Hegels seine eigentliche Hegelsche Bedeutung findet.

Weil Anschauung und Begriff bei Kant zusammen das eine Erkennen ausmachen, müssen sie ein Gemeinsames haben. Dieses ist
die Vorstellung als das wissende Gegenüberhaben von etwas. Anschauung bestimmt sich demnach als die unmittelbare Vorstellung
eines Einzelnen, unmittelbar insofern, als das Einzelne nicht im
Durchgang durch ein Anderes vorgestellt wird. Der Begriff ist die
mittelbare Vorstellung des Allgemeinen. Diese Vermittlung lässt
sich von der formalen Logik her in drei Stufen zerlegen. Sie besteht in einer Vergleichung des unmittelbar angeschauten Einzelnen, in der Reflexion auf das Ein und Selbige in diesen Einzelnen
und in der Abstraktion von den Unterschieden unter den Einzelnen mit Hilfe des in der Reflexion erfassten Einen in den Vielen.
Demnach ist der zentrale Akt der Begriffsbildung die Reflexion,
weil sie erstmalig den Massstab liefert, in der Abstraktion die Un-
terschiede unter den Einzelnen auszuscheiden. Die Abstraktion
selbst dient nur der genauern Ausarbeitung des in der Reflexion
schon erfassten Allgemeinen.

Danach fuhren wir in der Interpretation des letzten Abschnittes von B über das unglückliche Bewusstsein fort. Es wurden zu-

nächst allgemeine grundsätzliche Erwägungen über diesen letzten
Abschnitt angestellt und dann mit der Interpretation im einzelnen
begonnen.

I.
Grundsätzliches
1. Die Wichtigkeit des Abschnittes ergibt sich schon aus seiner
Stellung. In ihm wird nicht nur B zu Ende geführt und der Ueber-
gang zu C gefunden, sondern es gilt hier das ganze B, das A in sich
aufgenommen hat, in C überzuführen.

2. Die Bedeutung des Abschnittes erhellt noch deutlicher aus
seinem Inhalt. Dieser wurde betrachtet, insofern er auf das ganze
weitere Werk vorweist und in sich.

Der Abschnitt insofern er auf das Kommende vorausweist. Er
handelt vom unglücklichen Bewusstsein, das seine Versöhnung
mit dem Unwandelbaren, dem Absoluten anstrebt. Diese Versöhnung ist aber für Hegel nicht bloss ein christlicher Begriff, nicht
bloss das Ziel des Christentums, sie ist auch und im letzten Sinn,
in ihrer eigentlichen Verwirklichung ein philosophischer Begriff.
Mit anderen Worten die eigentliche Versöhnung voll- // zieht sich
erst im absoluten Wissen.

Damit erhellt ein Dreifaches für das Verhältnis dieses Abschnittes zu allem folgenden: eine unmittelbare Einheit des Einzelnen mit dem Unwan[delbaren]

a.) Das Unglück des Bewusstseins ist am Ende von B noch

nicht überwunden. Im Gegenteil, in diesem letzten Abschnitt von B kommt das Bewusstsein erst zur Erfahrung seines Unglücks. Der ganze dritte Teil der Phänomenologie handelt noch von den mannigfaltigen Stufen und Formen dieses Unglücks und seiner Ueberwindung bis zur endgültigen Versöhnung im absoluten Wissen. Das unglückliche Bewusstsein fängt der Sache nach erst an, wo der Titel aufhört.

b.) So erklärt sich auch, warum im Schlussabschnitt von B nur die ersten zwei der drei Stufen des Verhältnisses des unglücklichen Bewusstseins zum Unwandelbaren behandelt werden, die Hegel zu Beginn des Abschnittes unterscheidet. Denn in der dritten Weise der Verknüpfung des Einzelnen mit dem Unwandelbaren findet das Bewusstsein »sich selbst als diese Einzelne im Unwandelbaren«, »es wird zum Geiste [...] hat sich selbst darin zu finden die Freude, und wird sich[,] seine Einzelheit mit dem Allgemeinen versöhnt zu sein[,] bewusst«.[15] Diese dritte, eigentliche Versöhnung ist aber für Hegel erst gegeben in der mit dem Protestantismus beginnenden modernen, philosophischen Zeit. So ist diese dritte Weise das Thema des ganzen C. B selbst führt nur die beiden ersten Weisen aus, über deren Inhalt bald zu sprechen sein wird.

c.) Da nun anderseits das unglückliche Bewusstsein und sein Streben nach Versöhnung doch auch eine Gestalt der Religion ist,

---

[15] [Georg Wilhelm Friedrich Hegel: Phänomenologie des Geistes. Hg. von Johannes Hoffmeister. Felix Meiner Verlag: Leipzig 1937, S. 160.]

und da Hegel von dem überragenden Einfluss des Christentums auf die ganze nachgriechische Religion überzeugt ist, so wird die christliche Religion in irgend einer Form doch auch immer wieder im <u>ganzen</u> Werk vorkommen.

<u>Dieser Abschnitt in sich betrachtet.</u> Seine Grundtendenz ist herauszustellen. Es wird die Einheit des einzelnen Bewusstseins mit dem Unwandelbaren angestrebt, soweit diese in der christlichen Religion verwirklicht werden kann. Insofern das einzelne Bewusstsein das Unwandelbare erkennt, in ihm sein Wesen hat, und so anerkennt, ist schon im Unwandelbaren gesetzt. Es geht deshalb darum, diese unmittelbare Einheit durch ihre Vermittlungen hindurch auf die Stufe des Denkens, zum Begriff zu erheben. Es handelt sich dabei (und überhaupt bei Hegel) nicht um eine Einheit im Sinn eines flachen Pantheismus, um eine Einheit unmittelbarer Identität, in der alle Unterschiede in einer einen und selbigen Substantialität zerfliessen. Diese Einheit ist vielmehr im Geist, also in einem wissentlichen und willentlichen Verhältnis gegenseitiger Anerkennung des Einzelnen und des unwandelbaren Allgemeinen. Wenn es darum bei Hegel heisst, die Einheit »wird«, oder »ist«, das Einzelne »ist im Unwandelbaren«, so ist das nicht im Sinn einer unmittelbaren Eigenschaft eines // Substantiellen (im alten vorhegelischen Sinn des Wortes) zu verstehen, sondern im Sinn einer geistigen Einheitsbeziehung.

II.
Textinterpretation

Nach diesen grundsätzlichen Erwägungen über den Schlussabschnitt von B im allgemeinen, gingen wir an die Interpretation des
Textes selbst.

Zunächst seine Einteilung.

Der ganze Schlussabschnitt beginnt mit dem Absatz: »In dieser
Bewegung [...]«. Darin werden die drei Weisen umrissen, wie für
das gedoppelte Bewusstsein »die Einzelheit mit dem Unwandelbaren verknüpft ist«. Die dritte dieser Weisen wurde schon nach C
verwiesen. Wenn wir den Absatz »Was sich hier als Weise [...]« bis
»[...] an dem Unwandelbaren erscheinen.«[16] als methodische Reflexion beiseite lassen, so behandelt der Abschnitt bis zum Schluss
von B die beiden ersten der genannten Weisen, und zerfällt so in
zwei Teile. Der zweite Teil beginnt: »Wenn zuerst [...]«. Dieser
zweite Teil ist, wie sich noch zeigen wird, wieder dreifach geglie-
dert.

Der Inhalt des Schlussabschnittes.

1. Das Judentum
Die erste der drei Weisen wird von Hegel dahin charakterisiert,
dass in ihr das Unwandelbare, trotz seiner Gestaltung, das frem-

16 [Ebd., S. 161.]

de, das die Einzelheit verurteilende Wesen ist, sodass das einzelne Bewusstsein in seiner Beziehung zu ihm sich nur als das ihm Entgegengesetzte erkennt, und so in den Anfang des Kampfes um die Einheit mit ihm zurückgeworfen wird.

Diese erste Weise sieht Hegel im Judentum geschichtlich verwirklicht. Um sein Wesen zu verstehen, muss davon ausgegangen werden, wie Hegel die orientalischen Religionen überhaupt versteht. Bei aller Verschiedenheit ist nach Hegel allen orientalischen Religionen (ausser der jüdischen) das gemeinsame, dass Gott-Welt-Mensch in ihrem Verhältnis den Charakter einer ungetrennten Substanz (das Wort im vorhegelschen Sinn gemeint!) haben, in der einen »Natur« zusammenfliessen. (Philosophie der Geschichte, Reclam, 262f; 412).[17] In der jüdischen Religion »geschieht der Bruch zwischen Osten und Westen«. Gott wird der Geist, der Jenseitige, der Eine. Aber entsprechend dem dialektischen Fortschritt, der <u>zunächst</u> zu erwarten ist, ist Gott der »ausschliessende«, der auch in seiner Gestalt (d.h. insofern er mit dem Menschen handelt) Jenseitige, der als Einzelner sich allem anderen Einzelnen bloss entgegensetzende, der »reine Eine« (Monotheismus), der bloss gesetzgebende Herr. Und anderseits ist dementsprechend der Mensch bloss »unten«, weil er noch in der Natur bleibt, und diese neben diesem Gott bloss negativ

---

[17] [Georg Wilhelm Friedrich Hegel: Vorlesungen über die Philosophie der Geschichte. Hg. von Friedrich Brunstäd. Philipp Reclam jun.: Leipzig o.J. (1910).]

»zu einem Äusserlichen und Ungöttlichen herabgesetzt« gefasst werden kann. Von dieser // schroffen Trennung von Gott und Mensch her wird es klar, dass der Mensch zunächst seine Beziehung zu Gott nicht aus seinem eigenen Wesen heraus entfalten kann. Sein Gottverhältnis entspringt nicht seiner Freiheit, seiner eigenen freien Entwicklung im Bewusstsein zum Geist. Denn solche Entwicklung zur Einheit mit dem Unwandelbaren wäre die Entwicklung dessen zu Gott, was in dieser Religionsform gerade als das Gott Entgegengesetzte gefasst wird. Wenn nun doch, wie es im Judentum der Fall ist, eine Beziehung zu Gott, der Geist ist, besteht, so kann diese Beziehung nur eine »vorgefundene« sein, ein »Geschehen«. Das Bewusstsein findet bloss vor: sowohl die Gestaltung des Unwandelbaren (z.B. seine gesetzgeberische Tätigkeit), als auch seine eigene Entgegensetzung gegen das Unwandelbare. »Das Subjekt als Konkretes wird nicht frei, weil das Absolute selbst nicht als der konkrete Geist aufgefasst wird« (Philosophie der Geschichte, 264). Die Gestaltung des Unwandelbaren, die bloss vorgefunden, aber nicht begriffen wird, behält daher die ganze Sprödigkeit eines nur Wirklichen in seiner absoluten Zufälligkeit. Diese Zufälligkeit der Gestaltung, die nur hingenommen werden kann, ist so gerade das Gegenteil zur Freiheit, d.h. zur begriffenen absoluten Notwendigkeit in der Sphäre des Geistes. Insofern aber diese Freiheit mit der Versöhnung zusammenfällt, gelingt die Versöhnung, das Einssein mit dem Unwandelbaren so lange nicht, als dieser Gestaltung ihre Zufälligkeit bleibt. Insofern im Judentum der Mensch eine persönliche Religiosität (»Durst der Seele nach Gott, der tiefe Schmerz derselben über ihre Fehler, das Verlangen nach Gerechtigkeit und Frömmigkeit«[18]) hat, gewinnt er Einzelheit gegen die Natur. Dadurch macht er es auch erst möglich, dass Gott selbst ihm als Einzelner entgegentreten kann. Dass er sich im Unwandelbaren findet, scheint ihm daher von ihm selbst hervorgebracht, weil er selbst einzelner ist. Freilich insofern Gott als Einzelner sich von allem andern (»Natur«) absondert und zu ihm in Gegensatz tritt, bleibt der Mensch in der Natur verhaftet. »Und so bleibt der Gegensatz in der Einheit selbst«.[19] Es besteht zwar ein wirkliches Verhältnis zu Gott, aber dieses ist schliesslich doch nur ein unbewegliches, geschiedenes Gegenübertreten von Gott und Mensch, aus dem immer wieder der »Hader« hervorbricht. Insofern die Unbeweglichkeit dieses Verhältnisses, die aus der Geistlosigkeit kommt, mit der die Gestaltung nur als tatsächliche vorgefunden wird, vom Bewusstsein nicht erkannt wird, ist ein Fortschreiten zur Versöhnung, zum eigentlichen Einssein nicht möglich. Die Gestaltung macht so die Erfüllung der Hoffnung auf Versöhnung ebenso zunichte, wie sie diese weckte, indem sie überhaupt erst eine Beziehung zwischen Gott und Mensch ermöglichte. Es bedurfte daher eines ausserordentlichen Ereignisses, des Erscheinens Christi, der als Gottmensch der Typ des Einsseins mit Gott ist, um dieses einseitig starre Verhältnis zwi-

[18]   [Ebd.]
[19]   [Nicht nachzuweisen.]

schen Gott und Mensch zu // lösen. Ja, insofern das Judentum diese Versöhnung gerade in diesem Verhältnis will, ohne es zu überwinden, entsteht für es eine durchaus hoffnungslose Lage, zumal da die Gestaltung, in der es das Unwandelbare zu finden hoffte, durch sein politisches Schicksal verloren gegangen war.

Dieses Wesen der jüdischen Religion lässt sich noch verdeutlichen durch einen Vergleich mit dem Stoizismus und dem Skeptizismus, durch einen Vergleich, der um so näher liegt, als gerade diese drei die geistigen Mächte waren, die das Christentum bei seinem Eintritt in die Antike vorfand. Bei allen Unterschieden sind Stoizismus und Skeptizismus reines, abstraktes Denken, dem die Welt nur das Negative ist, sei es, insofern das Bewusstsein sich auf sich selbst zurückzieht und die Welt einfach stehen lässt (Stoizismus), sei es, insofern es die Welt dadurch vernichtet, dass es nur ein Ständiges kennt: den grundsatzlosen (»bewusstlosen«) Widerspruch in seiner rastlosen Bewegung (Skeptizismus). Im Gegensatz dazu ist im Judentum das Andere ein Positives, weil es ja die Gestalt des Unwandelbaren ist. Aber aus der schon geschilderten Art, wie es die Gestalt des Unwandelbaren und sein eigenes Verhältnis zu Gott auffasst, ergab sich, dass es zu einer wirklichen Versöhnung nicht kommen konnte. Und so ist die jüdische Religion trotz ihrer Ueberlegenheit über Stoizismus und Skeptizismus gerade die erste konkrete Form des unglücklichen Bewusstseins, dessen abstrakter Begriff sich uns vom Stoizismus und Skeptizismus her ergeben hatte.

Einer besonders eingehenden Interpretation bedurfte der

letzte Satz des Abschnittes über das Judentum. Wenn wir von der Stellung des Satzes ausgehen, in der er das Vorhergehende abzuschliessen und darum auf das Kommende gegensätzlich vorzuweisen scheint, so kann man schon vermuten, dass in diesem Satz das Gegenteil dessen steht, was im nächsten Absatz als Einssein mit Gott eingeführt wird. Im Gegensatz zu diesem Einssein kann darum die Natur des seienden Eins, d.h. Gottes in der absoluten Zufälligkeit seiner Gestalt – Das Eins ist undurchsichtiges, sinnliches Eins mit der ganzen Sprödigkeit eines bloss Wirklichen – nur eine Art Gegenwart mit ihr ermöglichen, nicht aber Einssein. Dunkel waren vor allem die Worte: »durch die Wirklichkeit, die es angezogen«.[20] Ist »anziehen« im Sinn von »sich bekleiden« oder im Sinn einer z.b. magnetischen Anziehung gemeint? Entsprechend wäre dann die »Wirklichkeit« von der Gottes (von seiner Gestaltung) oder von der des Menschen zu verstehen. Zwei Gründe liessen uns die zweite Möglichkeit vorziehen. Einmal scheint »anziehen« im Sinn der »Verknüpfung« der Einzelheit mit dem Unwandelbaren, der sie »erhält«, an dem sie »hervortritt«, bei Hegel sonst nicht vorzukommen. Dann zeigte ein Text aus der Philosophie der Geschichte, wie Hegel »Zucht« mit »zu etwas hinziehen« zusammenbringt. Zucht, das

---

[20] [Hegel: Phänomenologie des Geistes. A.a.O., S. 161: »Durch die Natur des *seienden Eins*, durch die Wirklichkeit, die es angezogen, geschieht es notwendig, daß es in der Zeit verschwunden und im Raume und ferne gewesen ist, und schlechthin ferne bleibt.«]

blosse »zu etwas hinziehen«, das »nur gezogener sein«, // was alles »blindes Schicksal« ist, wird als Gegensatz gefasst zu einem Zustand, in dem das Bewusstsein aus sich selbst zum »absoluten Selbstbewusstsein«, zur »Befriedigung der Versöhnung« kommt. (Reclam, 410f.) Daher versteht man das »anziehen« in diesem Schlusssatz am besten von dem Zuchtverhältnis, in dem Gott dem Menschen gegenübersteht. Die Wirklichkeit, die es (das Unwandelbare) angezogen, ist dementsprechend von der des Menschen zu verstehen, zu dem Gott in sein wirkliches Verhältnis tritt, das aber noch Zucht, nicht Freiheit, nicht eigentliches Einssein mit dem Absoluten ist. Aus diesen beiden Momenten, d.h. aus der Natur Gottes, als eines hinter der spröden, undurchsichtigen Zufälligkeit seiner Gestaltung sich Verbergenden, und aus seinem blossen Zuchtverhältnis zum Menschen, in dem er gerade wegen seiner eigenen Einzelheit die menschliche Einzelheit als fremde bloss »verurteilt«, ergibt sich, dass der Gott des Judentums in Zeit und Raum verschwunden (insofern eine sinnliche Gestaltung in verschwindenden Raum und Zeit hineinbannt) und dem Menschen wesentlich fremd bleibt (insofern der bloss Ziehende dem Gezogenen fremd ist).

2. Das Christentum

Blieb das Judentum bei einem starren Gegenüber von Gott und
Mensch stehen, in dem schliesslich Gott doch der ganz Jenseitige
blieb, so geht das Christentum, von dem im folgenden bis zum
Schluss von B gehandelt wird, auf ein Einswerden der sich so
Gegenüberstehenden aus. So wird das Verhältnis von Gott und
Mensch selbst das Thema. Das Verhältnis zwischen Gott und
Mensch, das zudem in einer blossen Gegenwart bestand, soll jetzt
nicht mehr bloss vorgefunden werden. Ziel ist jetzt ein Einssein,
welches das Bewusstsein selbst strebend zu verwirklichen sucht.
Dabei ist der dem Menschen Gegenüberstehende Christus der
Gottmensch. Darum heisst es zu Beginn dieses Absatzes wohl
nicht ohne Absicht zum ersten Mal »der gestaltete Unwandelbare«,[21] nicht mehr das gestaltete Unwandelbare, wenn auch sachlich
schon im Judentum das Absolute in den Unwandelbaren überge-
gangen war.

Die drei Stufen (Versuche) der Erreichung des Einssein mit
dem Absoluten lassen sich ganz formal, entsprechend dem allgemeinen dialektischen Schema, charakterisieren: 1) als Versuch des
Einswerdens durch unmittelbares Sichverlieren an das gegebene

---

[21] [Ebd., S. 162: »Zuerst also es [das unwesentliche Bewußtsein] als *reines Bewußtsein* betrachtet, so scheint der gestaltete Unwandelbare, indem
er für das reine Bewußtsein ist, gesetzt zu werden, wie er an und für sich
selbst ist.«]

Gegenüber, 2) als Versuch des Einswerdens durch Negation des Gegenüber und durch Zurückziehen auf sich selbst, 3) als Einswerden durch Negation dieser Negation, die nicht wieder in das erste Stadium zurückfällt, sondern die [die] beiden ersten Stufen als zusammengehörige Momente begreift, die im Begriff, im Geist versöhnt sind.

Insofern in der ganzen folgenden Entwicklung Hegel dieses dialektische Schema vorschwebt, und er doch andererseits den konkreten Formen der Religion gerechtzuwerden sucht, // geht es nicht ohne einige Gewaltsamkeiten und Dunkelheiten ab.

Wir betrachteten sogleich die erste Form, in der das Christentum für Hegel auftritt. Sie wird charakterisiert als das Verhältnis, das das reine Bewusstsein zum gestalteten Unwandelbaren, also zu Christus hat. Es ist zunächst zu klären, wie die »Reinheit« des Bewusstseins zu fassen sei. Rein ist hier nicht als Vorzug im Sinn von »ungetrübt«, sondern in negativem Sinn gemeint. Reines Bewusstsein ist hier blosses Bewusstsein. Es handelt sich also auf dieser Stufe um ein Verhältnis zu Gott einseitig durch das blosse Bewusstsein ohne Begierde, Arbeit und Aufopferung, die erst in den zwei weitern Stufen auftreten.

Es ist zunächst der Fortschritt zu betrachten, den diese Stufe gegenüber dem Stoizismus und Skeptizismus darstellt. Diese beiden verhielten sich, wie schon gesagt, zum wirklichen Einzelnen rein negativ, abstrakt. Das reine Bewusstsein auf dieser Stufe hat diese blosse Negativität überwunden. Es sucht den gestalteten Unwandelbaren, und es weiss, dass es ihn, den Absoluten, nur in der Einzelheit finden kann. Denken und Einzelheit auf der Seite des Menschen und Absolutes und Einzelheit auf der Seite Gottes gehören für dieses Bewusstsein je zusammen, und so ist auch eine gegenseitige Anerkennung zwischen Gott und Mensch möglich, eine gewisse Einheit von beiden.

Aber andererseits – und damit kommen wir zur negativen Seite dieser ersten Stufe des christlichen Bewusstseins – ist diese Einheit von Gott und Einzelheit in Christus (und von dessen Gegenstück auf der Seite des Menschen) bloss Einheit der »Berührung«, ein blosses »Zusammenhalten«. Diese Einheit ist noch nicht im Begriff, noch nicht im Denken, und ist daher noch keine eigentliche Versöhnung. Die Einzelheit Christi, in der das Bewusstsein das Absolute zu erfassen sucht, ist nocht [sic] die allgemeine Einzelheit, ist noch die bloss sinnlich angeschaute, Gegenstand der bloss sinnlichen Gewissheit. Es ist dem Bewusstsein noch nicht der <u>Begriff</u> des Gottmenschen geworden, weil das Verhältnis des Göttlichen und Menschlichen an ihm noch nicht reines Denken geworden ist. »So geht es sozusagen (in diesem blossen Zusammenhalten der zwei sich bloss berührenden Elemente in Christus) nur an das Denken hin, und ist Andacht«,[22] Gefühl, welches Sehnsucht und Schmerz bleibt.

---

[22] [Ebd., S. 163: »Es [das Bewußtsein] *verhält* sich daher in dieser ersten Weise, worin wir es als *reines Bewußtsein* betrachten, *zu seinem Gegenstande* nicht denkend, sondern indem es selbst zwar *an sich* reine denkende Einzelheit und sein Gegenstand eben dieses, aber nicht die *Beziehung auf-*

Dadurch aber entsteht die Verlegenheit des unglücklichen Bewusstseins. Prinzipiell war sie schon mit der Auferstehung und Himmelfahrt Christi gegeben. Denn dadurch ist ja dem Bewusstsein das genommen, in dem es das Absolute erfassen wollte: die unmittelbare sinnliche Gegenwart der Menschheit Christi. Ja diese prinzipielle Verlegenheit des unglücklichen Bewusstseins war eigentlich schon unabhängig von der Auferstehung vorhanden. Denn solange die Einzelheit // nicht »begriffen« ist, ist sie an Christus und im Bewusstsein doch nur das dem Unwandelbaren Entgegengesetzte, Nicht-Identische. Und so ist schon immer jedes Ergreifen Gottes in dieser Einzelheit Christi doch nur Ergreifen der Unwesentlichkeit, der eigenen getrennten Wirklichkeit. Mit der Auferstehung Christi verschärft sich aber diese Verlegenheit des Bewusstseins. Denn mit dieser ist selbst diese Einzelheit »schon entflohen«. Es war also schon damals an sich die Erfahrung möglich, dass »die verschwundene Einzelheit als verschwundene nicht die wahre« sein kann.

Weltgeschichtlich zum Bewusstsein kommt aber die Erfahrung dieser Verlegenheit dem Christentum mit dem Scheitern der Kreuzzüge. Entsprechend dieser Stufe des Bewusstsein suchte das Christentum damals Gott in Christus zu ergreifen, indem es seine sinnliche Gegenwart, seine sinnliche Einzelheit erfasste, konkret gesagt: indem es das heilige Land, Christi Grab in Besitz nahm. Im

einander selbst reines Denken ist, geht es sozusagen nur *an* das Denken *hin* und ist *Andacht*.«]

endlichen Scheitern der Kreuzzüge macht, welthistorisch gesehen, das Bewusstsein die Erfahrung, dass es gegen die Natur solcher bloss sinnlichen wirklichen Einzelheit ist, einen dauernden Besitz seiner und damit des Unwandelbaren zu gewähren. Das Bemühen um diese Einzelheit, um »die Gegenwart des Grabes« ist ein Kampf, der verloren gehen muss. Diese Auffassung der Kreuzzüge bei Hegel wurde durch den entsprechenden Abschnitt aus seiner Philosophie der Geschichte verdeutlicht (Reclam, 490ff.).

Das Scheitern der Bemühung, das Unendliche so mit dem Endlichen zu verknüpfen, »dass das Unendliche als Dieses in einem ganz vereinzelten äusserlichen Dinge gesucht wurde«, bringt das Gescheiterte immer mehr zu sich selbst zurück. Das Bewusstsein erkennt, dass das verschwundene sinnliche Einzelne gar nicht die wahre Einzelheit ist, es wird fähig die Einzelheit als allgemeine zu finden. das Resultat der Kreuzzüge (und so des Abschnittes, den wir behandeln) ist »Dass das Dieses, als das Verknüpfende des Weltlichen und des Ewigen das geistige Fürsichsein der Person ist«; »das Abendland hat [...] sein Prinzip der subjektiven unendlichen Freiheit erfasst«.

So kann denn auch Christus in anderer Weise für das Bewusstsein Vorbild werden. Es ist der metaphysische Urtyp des Hegelschen Begriffes, weil er das Allgemeine, der Logos ist, der das Einzelne in sich aufgenommen hat. Von hier aus gewinnt dann Hegel seine Deutung der Trinität.

Karl Rahner

V.5

In GA Band 99 »Vier Hefte I und II«, steht auf S. 134 der Hinweis auf ein »Manuskript«, worin Heidegger den in jenem Band edierten Teil der »Schwarzen Hefte« eingehend kommentiert. Dieses »Manuskript« wird 2019 außerhalb der Gesamtausgabe erscheinen. Auf einem der nicht durchgezählten Blätter findet sich eine kleine Zeichnung, die den Eindruck hervorrufen kann, es handle sich um das nationalsozialistische Hakenkreuz (vgl. das Faksimile auf S. 69).

Der in GA 99 veröffentlichte Text der »Vier Hefte« wurde zwischen 1947 und 1950 parallel zu den zeitlich aufeinander folgenden anderen »Schwarzen Heften« verfasst und unterscheidet sich in seiner Art deutlich davon: Während in diesen Heften unterschiedliche Werkstattaufzeichnungen ohne einen sie alle verbindenden systematischen Anspruch aneinandergereiht sind, steht der Text der »Vier Hefte« unverkennbar unter dem Anspruch einer inneren Einheit der darin zusammengestellten Aufzeichnungen. Im »Manuskript« versucht Heidegger diesen Anspruch verständlich zu machen. Dabei spielt die im Titel dieser Aufzeichnungen genannte Zahl »vier« eine besondere Rolle – und dies merkwürdigerweise, obwohl nur zwei Hefte wirklich vorliegen. Heideggers Gedanken bewegen sich hier im Vorfeld der Überlegungen, die in der letzten Phase seines Denkens in die bekannte Konzeption des »Gevierts« von Himmel und Erde, Sterblichen und Göttlichen mündeten.[23]

[23] Vgl. etwa GA 7, S. 151ff.

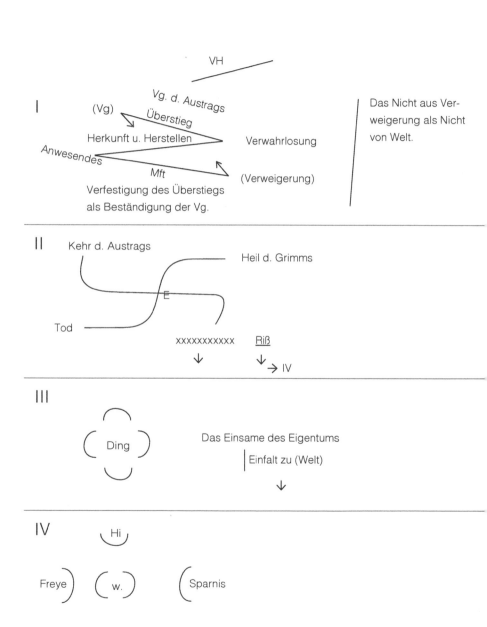

I

Anwesendes

(Vg) ↘ Übersteig
Vg. d. Austrags
VH

Herkunft u. Herstellen ➤ Verwahrlosung

Mft ↗ (Verweigerung)
Verfestigung des Übersteigs
als Beständigung der Vg.

Das Nicht aus Ver-
weigerung als Nicht
von Welt.

II Kehr d. Austrags

Heil d. Grimms

E

Tod

xxxxxxxxxxx Riß
↓   ↓ → IV

III

(Ding)

Das Einsame des Eigentums

Einfalt zu (Welt)

↓

IV   Hi

Freye) (w.) (Sparnis

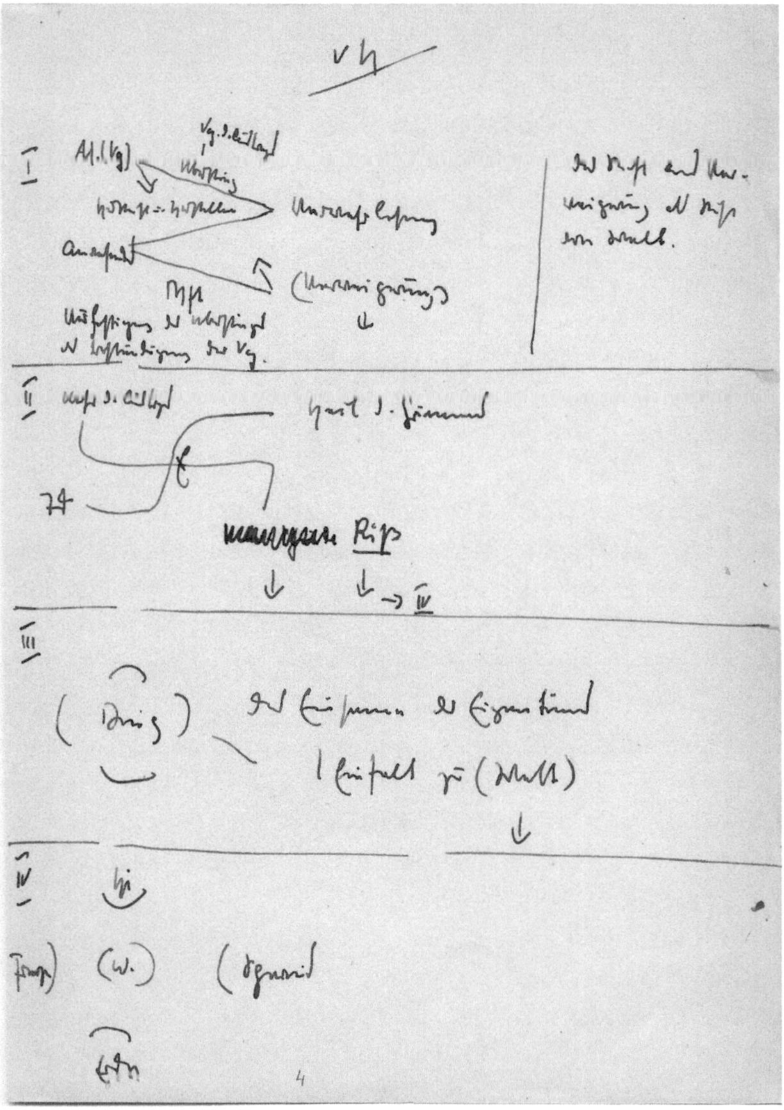

Heidegger experimentiert geradezu mit verschiedenen Wegen, um die Bedeutung der Vierzahl für den Gedankenzusammenhang der »Vier Hefte« zu klären, und bedient sich dabei auch der Möglichkeit, seine Überlegungen durch gezeichnete Skizzen zu verdeutlichen. Eine dieser Skizzen zeigt zwei sich rechtwinklig kreuzende Linien, deren Kreuzungspunkt Heidegger mit dem Großbuchstaben E markiert, dem Symbol für das »Ereignis«, das in den Jahren der Abfassung dieses Textes im Zentrum seines Denkens steht.

Es liegt auf der Hand, wie Heidegger auf die Idee dieser Zeichnung gekommen ist. Sie lässt sich unschwer aus seiner Bemühung erklären, die besondere Bedeutung der Vierzahl für den Gedankenzusammenhang der »Vier Hefte« anschaulich zu verdeutlichen. Mit vier Leitworten, die er an den Enden der beiden sich kreuzenden Linien in die Zeichnung einträgt, deutet er an, dass ihm vier Gedanken, die durch die Leitworte repräsentiert werden, für den Zusammenhang wesentlich erscheinen. Diese Gedanken stehen paarweise in einem inneren Zusammenhang, nämlich »Kehr des Austrags« mit »Riss« und »Heil des Grimms« mit »Tod«. Um symbolisch sichtbar zu machen, dass beide Zusammenhänge im Ereignis verankert sind, lässt Heidegger die beiden Linien, welche die beiden genannten Zusammenhänge darstellen, einander im »E« kreuzen.

Das Kreuz, das auf diese Weise entsteht, weist nun aber in Heideggers Zeichnung zwei Eigenheiten auf, durch die eine Erinnerung an das nationalsozialistische Hakenkreuz geweckt wird. So stellt sich unvermeidlich die Frage, ob die Zeichnung irgendwie im Sinne Heideggers mit diesem nationalsozialistischen Symbol in Verbindung gebracht werden kann oder muss. Die erste Eigenheit wird dem Betrachter bewusst, wenn er bedenkt, dass für den gerade rekonstruierten Sinn der Zeichnung zwei gerade sich kreuzende Linien genügt hätten. Heidegger aber zeichnet die vier Arme des Kreuzes so, dass sie jeweils am Ende abgeknickt sind, und zwar nach rechts. Nicht nur die Existenz dieser Abknickungen, also der »Haken«, lässt an das nationalsozialistische Symbol denken. Auch die Richtung der Haken, die Abknickung im Uhrzeigersinn, kann die Hakenkreuz-Assoziation hervorrufen; denn die Nazis legten die Ausrichtung der Abknickungen, die bei der altindischen Swastika offen war, darauf fest, nach rechts zu zeigen.

Gegen die genannte Assoziation spricht allenfalls die beim NS-Hakenkreuz nicht vorgesehene Abrundung der Ecken bei den Abknickungen und die ungleiche Länge der durch sie entstehenden »Haken«. Beides ist aber eher der ungenauen und schnellen Zeichnung mit der Hand geschuldet. Es widerspricht jedenfalls nicht Heideggers Denken, in Erwägung zu ziehen, dass die Zeichnung – auf irgendeine näher zu bestimmende Weise – das Hakenkreuz zeigt. Ein Beleg dafür ist eine Bemerkung, die sich in den »Überlegungen XI« findet, dem kurz vor Ausbruch des Zweiten Weltkriegs verfassten letzten der in GA Band 95 enthaltenen »Schwarzen Hefte«. Die Bemerkung legitimiert in allgemeiner Form die Annahme, dass Heidegger die »nationale Revolution« des Nationalsozialismus zumindest zeitweilig mit dem

Ereignis, das als »E« im Zentrum der Zeichnung steht, in Verbindung brachte. Er sagt hier rückblickend: »Rein metaphysisch (d.h. seynsgeschichtlich) denkend habe ich in den Jahren 1930–1934 den Nationalsozialismus für die Möglichkeit eines Übergangs in einen anderen Anfang gehalten und ihm diese Deutung gegeben.« (GA 95, 408)

Doch auch wenn man aufgrund dieser Bemerkung einen möglichen Zusammenhang der Zeichnung mit dem Nazi-Symbol zugesteht, bleibt die Frage, welcher Art der Zusammenhang konkret sein könnte: Handelt es sich um eine von Heidegger bewusst eingesetzte Anspielung auf das Nazi-Symbol, also um ein verschleiertes nostalgisches Bekenntnis zur gescheiterten nationalsozialistischen Revolution, oder nur um eine unbewusste Erinnerung an ein ehemals lebensbedeutsames Symbol? Was hat Heidegger sich dabei gedacht, als er an die Enden der abgeknickten Linien Leitworte der Überlegungen schrieb, die ihn auf den Seiten vor und nach der vorliegenden Stelle beschäftigen? Im Text dieser Seiten gibt es nicht die geringste Spur einer konkreten Bezugnahme auf den Nationalsozialismus. Es ist nicht plausibel anzunehmen, dass Heidegger die philosophischen Überlegungen auf diesen Seiten, die letztlich alle um das »Ereignis« kreisen, verfasst hat, um ein in der Zeichnung verstecktes Bekenntnis zum Nationalsozialismus zu tarnen.

In der von Heidegger skizzierten Figur kann man zwar die Gestalt eines Hakenkreuzes erkennen, aber die Zeichnung hat offensichtlich nicht den Sinn, diese Gestalt darzustellen. Deshalb kann man ausschließen, dass es sich bei der Zeichnung um einen bewussten Rückgriff auf das nationalsozialistische Hakenkreuz handelt.

VI. Zukunft des Nachlasses

Solange Martin Heideggers literarischer Nachlass in Gestalt der Gesamtausgabe letzter Hand erscheint, gibt es keinen Grund, der es rechtfertigen würde, bei den Texten der noch ausstehenden Bände der GA die von Heidegger selbst gewünschte Teilsperrung der Materialien im Nachlassteil »Heidegger 1« aufzuheben. In wohlbegründeten Fällen wird es auch weiter die Möglichkeit geben, dass der Nachlassverwalter Arnulf Heidegger bei diesem Nachlassteil Ausnahmen von der Teilsperrungsregel genehmigt.

Immer wieder wird der Ruf nach einer historisch-kritischen Ausgabe von Heideggers Werk laut. Einem solchen Vorhaben steht, nach Ablauf des Urheberrechts im Jahr 2046, rechtlich nichts entgegen. Würde es schon vorher in Angriff genommen, so würde dies der Haltung von Heidegger selbst, der in den eingangs zitierten Briefen an Hannah Arendt und Vittorio Klostermann seine Abneigung gegen eine solche Edition deutlich zu erkennen gibt, widersprechen. Nicht zufällig war es eine Gesamtausgabe »letzter Hand«, der er zugestimmt hat. Dass der Geist dieser Ausgabe nicht der einer historisch-kritischen Distanz zum Inhalt des Textes ist, lässt sich an Heideggers Vorgaben für die Arbeit der Herausgeber deutlich ablesen.

Überdies hängt die Inangriffnahme einer historisch-kritischen Ausgabe aber auch von den realen Möglichkeiten einer umfassenden archivarischen Bestandsaufnahme ab. Sie wird durch die unter III. beschriebene Unsicherheit bei der Auswahl der publikationswürdigen Texte ungewöhnlich erschwert. Der real eigentlich nicht zu bewältigenden Aufgabe, aus Tausenden von Notizzetteln eine Auswahl zu treffen, könnte eine historisch-kritische Ausgabe durch die in I. erwähnte umfassende Digitalisierung aus dem Wege gehen, zu der das Deutsche Literaturarchiv bereit ist. Allerdings kann man im Blick auf die heutige Unkenntnis der von Heidegger benutzten Sütterlin-Schrift fragen, ob der große Aufwand einer Digitalisierung des gesamten wissenschaftlich-literarischen Nachlassbestandes sich nicht erst dann wirklich lohnt, wenn zugleich eine verlässliche Transkription der Texte zur Verfügung gestellt wird.

Die Arbeitsgruppe erlaubt sich abschließend den Hinweis, dass nach dem Erscheinen der unter III. vorgeschlagenen Ergänzungsbände Heideggers Gesamtwerk in so großem Umfange für die Öffentlichkeit zugänglich sein wird, dass alle Interessierten sich vom ganzen Gedankengeflecht des Heideggerschen Denkens ein umfassendes Bild machen können.

Bildnachweis

Die Abdrucke der Faksimiles auf den Seiten 34/35, 38/39, 43 und 65 erfolgen mit freundlicher Genehmigung von Arnulf Heidegger und dem Deutschen Literaturarchiv Marbach.